타래시동인회 스물여덟 번째 시집

눈꽃과 봄꽃 사이

김남혜　김늘무　나윤선　박정구　봉순희　서정부
신다회　신태진　이다정　이성순　정사진　최국희
최 림　한승희

문학공원

차 례

인사말

발간사 - 신다회 타래시동인회 회장   10

격려사 - 오경자 국제pen한국본부 이사장   13

축　시 - 박정구 고문   17

참여작가

김남혜 - 아카시꽃 향기 외 5편   20

김늘무 - 두 사람 외 6편   28

나윤선 - 오월의 장미 외 5편   38

박정구 - 흰 벽·2 외 6편   46

봉순희 - 가을은 겁쟁이 외 6편   58

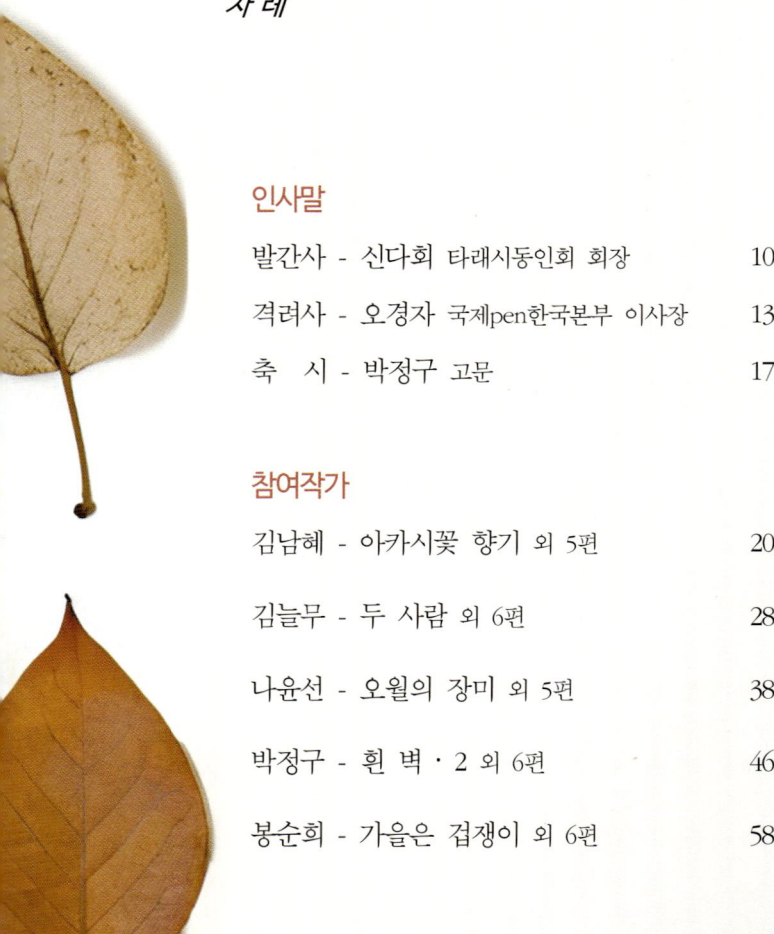

서정부 - 상큼한 가을 코스모스 외 6편	70
신다희 - 오동나무꽃 외 6편	80
신태진 - 자목련 외 5편	90
이다정 - 가을, 그 억새의 추억 외 5편	98
이성순 - 장닭 외 7편	106
정사진 - 밭을 갈아 봄빛을 묻다 외 6편	116
최국희 - 우리 만나요 외 6편	130
최 림 - 문바람 외 6편	140
한승희 - 봄날 외 6편	150

타래시동인회 이모저모

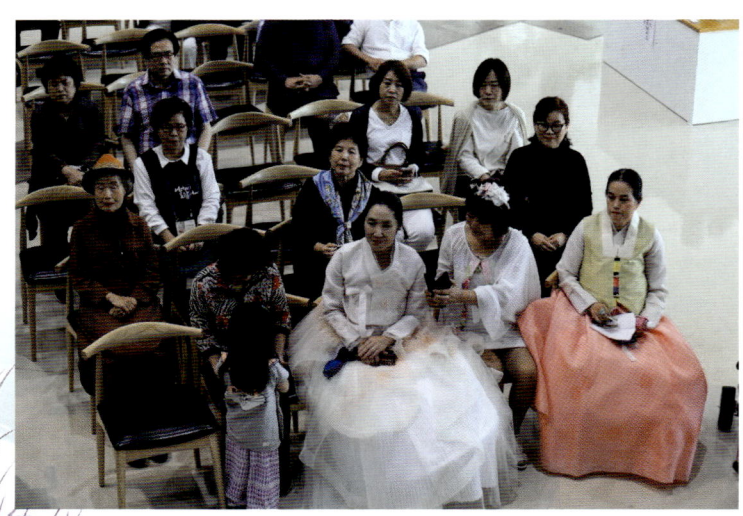

타래시동인회 이모저모

타래시동인회 이모저모

6 눈꽃과 봄꽃 사이

타래시동인회 이모저모

8 눈꽃과 봄꽃 사이

타래시동인회 스물여덟 번째 시집

눈꽃과 봄꽃 사이

김남혜 김늘무 나윤선 박정구 봉순희 서정부
신다회 신태진 이다정 이성순 정사진 최국희
최 림 한승희

문학공원

▮발간사▮

회원님들과 함께
아름다운 꽃밭을 가꾸어 갈 것

신다회 회장

  뜨겁고 긴 여름이 떠나고 가을 하늘빛이 유난히 아름다운 날 '타래시동인회 창간 30년 기념' 초대장을 띄워봅니다.
  온난화로 지치고 요란했던 지난 여름에도 우리는 순수한 문학에 대한 열정으로 인내했습니다.
  그리하여 회원님들의 소중한 옥고가 익어가는 날
  가을 하늘 아래 나무, 꽃, 새와 함께 특별한 자리
  벌써부터 가슴이 설렙니다.

  타래시동인 스물여덟 시집 『눈꽃과 봄꽃 사이』 발간과 제20회 시화전(시인과 캘리그래피 작가의 만남으로 완성된 족자) 그리고 제39회 시낭송회를 하게 되었습니다. 가을 햇살에 농익은 감성은 詩를 노래할 것입니다. 올해 30년이 된 타래시 동인회는 1995년 4월에 창립하였습니다.
  그동안에 회원님의 주옥같은 시어로 씨실과 날실이 하나되어 땀으로 엮은 서정의 시집을 다시 한번 펼쳐봅니다

1집『눈물의 날개』, 2집『사랑이라는 이름의 그녀, 3집『여름밤 시골은 언제 잠드나』4집『가을밤 이야기』, 5집『나비가 된 가을잎』, 6집『보고 싶은 친구가 있다는 것은』, 7집『겨울로 가는 길』, 8집『꽃과 꿀벌이 있는 그림』, 9집『종점에는 오아시스가 없다』, 10집『가을날의 억새』, 11집』별을 바라보는 내 마음은』, 13집『호수에 잠든 구름꽃』, 14집『오늘은 가슴이 따뜻하다』, 15집『억새의 시간』, 16집『도시벽 위에 새긴 그림자』, 17집『동행의 노래』, 18집『제비꽃』, 19『집 그 겨울 그때처럼』, 20집『바람이 시를 쓴다』, 21집『바람 오후』, 22집『마음 위로 내리는 비』, 23집『가을이 아프다』, 24집『꽃은 울지 않는다』, 25집『행복을 실은 자전거』, 26집『들꽃의 시간』, 27집『아침이 젖는다』, 28집『눈꽃과 봄꽃 사이』 등 스물여덟 채를 지었습니다.

　창립하신 문학 선배님들의 보석 같은 옥고로 지은 집에 30년의 역사가 고즈시 자랑스럽게 꽃을 피우고 있습니다.

　먼저 하늘나라도 떠나신 이효녕 전 회장님. 그리고 원로 하신 선배님들의 뜻을 이어받아 씨실 날실이 하나로 엮어가는 타래로 찬란히 빛이 나는 문학단체 타래시동인회가 되도록 노력하겠습니다.
　또한 우리 곁에서 박정구 고문님께서 창단 멤버로 든든히 지켜주시고 큰 힘이 되어주심에 깊은 감사를 드립니다.

하늘이 맺어준 소중한 인연으로 만난 타래시동인회 회원님들과 함께 아름다운 꽃밭을 가꾸어 갈 것을 약속합니다. 그리고 30년 기념으로 타래시동인회 발전을 기원하는 격려사를 써주신 국제pen한국본부 오경자 이사장님께도 더불어 감사의 인사를 전합니다.

지금의 타래시동인회가 오기까지 이끌어주신 존경하는 원로 문학 선배들의 노고 그리고 항상 격려와 응원의 덕분임을 잊지 않겠습니다.

2024년 낙엽이 춤추는 날에

타래시동인회 회장 신 다 회

격려사

타래시 30년
세대의 고운 실타래

오 경 자(국제pen한국본부 이사장 권한대행)

세월이 아무리 빠르게 흐른다 해도 한 세대 30년은 매우 긴 시간이다. 한 생명이 태어나서 어른이 되는 동안을 한 세대라고 부른 선인들의 판단은 아주 적절하다 할 수 있다.

아름다운 시를 쓰고 직접 운치를 한껏 돋우는 타래시동인회가 올해로 창립 30년째를 맞이했으니 장하고 훌륭한 일이 아닐 수 없다. 문학회들이 많지만, 이효녕 시인이 창립하고 많은 원로 작가들이 공을 들여 오늘에 이른 타래시동인회는 우리 문단의 귀한 보배 중 하나인 문학회라 해도 과히 틀린 말이 아닐 것이다.

이효녕 회장의 뒤를 이어 회장을 맡아 수고하는 신다회 시낭송가는 아름다운 시를 쓰며 우리나라 시 낭송계의 독보적인 존재로 우뚝 서 있는 큰 나무이다. 타래시동인회를 열심히 이끌면서 회원들의 화합과 친목을 도모하고 창작 능력을 높여 나가는 일은 쉬운 듯하지만 매우 정교하고 신경 쓰이는 일이다. 그야말로 회원들을 사랑하고 존경하는 회장의 마음과 문학회를 사랑하고 열심히 참여하는 회원들의 열화 같은 성원이 합해져야 문학회라는 조직은 비로소 움직이는 특성을 갖고 있다.

한두 해도 아니고 30년, 그야말로 강산이 서너 번 바뀔 세월을 하루 같이 합심해서 오늘에 이른 타래시동인회와 회원들께 아낌없는 격려의 박수를 보내 드린다. 문학은 창작하는 문인들과 읽어주는 독자가 만나서 기쁨의 불꽃이 번쩍할 때 힘을 얻고 밝은 빛을 우리 삶에 아낌없이 비춰주는 예술이라고 생각한다. 이 역할을 타래시동인회는 30년을 하루같이 해냈다.

이제 서른 살, 어엿한 어른으로 사회의 중견이 될 나이다. 아름다운 실타래를 잘도 풀어온 지난 30년을 기반으로 해서 더욱 고운 실타래를 만들고 풀어나갈 이제 새로운 30년을 설계하고 준비해 나가야 한다. 창립 때부터 오늘까지 혼신의 힘을 다해 봉사하시는 박정구 님과 여러 선배 문인들을 잘 모시고 신다회 회장과 임원들이 한 덩어리가 돼서 새로운 한세대의 밑그림을 곱게 그려 나갈 것이다. 헌신적으로 봉사하는 한승희 사무국장의 노고와 회원들의 열화 같은 성원에 힘입어 타래시동인회는 눈부시게 발전해 나갈 것이다. 그 빛이 고단한 삶에 지친 독자들의 가슴을 훈훈하게 녹여줄 것이라 확신한다.

각박한 세상을 사랑으로 이끌어 갈 멋진 시인들의 아름다운 함성을 고운 낭송으로 바치는 타래시동인회원들의 문학 활동의 요람인 타래시동인회의 무궁한 발전을 기원한다. 타래시동인회의 새로운 30년이 우리 미래의 30년을 풍요와 사랑으로 이끌어 갈 것을 믿어 의심치 않는 바이다.

2024년 10월 25일

오 경 자 국제pen한국본부 이사장 권한대행

■축 시■

날개가 있어 훨훨
- 타래시동인 30주년에 부침

박 정 구 (고문)

『눈물의 날개』로 시작된 동인회
떠날 사람 떠나고 오는 사람 새로 있어
타래실처럼 이어온 세월
그 세월 30년이어라
씨줄이 날줄을 만나 베를 짜듯이
한 땀 한 땀 엮어 온 세월
아, 그 세월이 삼십 년
지나온 것은 모두 자취로 남고
다가올 이야기들도 흔적으로 남으리라
강물은 저 홀로 흐르지 않았다
숨은 계곡물들이 한데 모여 강물로 흘렀듯이
앞으로 삼십 년은 또 어떤 시인들이 찾아올까
찾아와서 둥지를 틀고 이름을 빛내줄까
시구절 같은 만남은 모두 시가 되니
타래시 동인이여,
날개가 있어 훨훨
더 높게 더 멀리 날자구나

김 남 혜

김 남 혜 Kim Nam HeY 박사 시조비, 아호는 선아(善雅)
서울 동대문구 출생, 시인, 수필가, 시조 시인 등단, 시 낭송가
월간 ≪한맥문학≫ 시부문 신인상 등단
미) 캘리포니아 유니온 교육대학원 심리상담학(박사), 서울 한국성서대학교 사회복지학 전공(학사), 서울 한국성서대학교 대학원 사회복지학 전공(석사), 서울 기독교대학교 일반대학원 사회복지학 전공(문학박사)
사) 한국서정문인협회 부회장, 전국소월낭송문학가협회 회장, 경기대학교 원격교육원 사회복지학 운영교수, 한국문인협회 회원, 사회복지시설 시설장
사) 서정문학문인협회 시 부문 대상 수상, 제14회 세종문학상 대상 수상 제9회 대한민국문화예술명인대전 시 부문 명인상 수상, 2023년 서정문학협회 문학대상·작가상 수상 2023년 한글문학상 대상 수상, 2024년 올해의 작가 100인 초대전 서울시장상 문학대상 수상
시집 『상처는 가슴속에 남아』, 『내 사랑은 어디에』, 『돈키호테 같은 애인』
휴대폰 : 010 - 5335 - 3927

아카시꽃 향기 외 5편

김 남 혜

실록이 우거지는 오월
아카시꽃 너울너울
창문을 수놓는다

일려 오는 향기에
꿈길 걷듯 몽롱한 걸음이
허공을 붙든다

이팝나무 꽃 지워진 산기슭
뻐꾸기 소리 가득해도
하얀 꽃 너울에 밀려가고

골짝에 머무는 바람
꽃향기에 취하여
숲을 흔들어댄다

누군가 날 부르는 걸까
꾀꼬리 소리 들리듯
손짓하는 메아리

품었던 그리움 헤치고
와락 달려드는 모습
환상 속에 그가 품을 연다

인연

뜨는 해 둥글고
지는 달 때때로 변하여
인연의 끈에 매달린다

가는 정 고웁고
오는 맘 믿을 수 없어
들뜨는 그리움에 꺾어진 여울목

머물 자리 어딘지
찾을 수 없는 여정
겨울이 진다 해도
오는 봄 막을 수 없지

인연의 고리에 매달려
지조 높은 매화꽃 피니
아지랑이 일어난다

꽃 찾는 벌 나비
푸른 햇살에 날아올라
인연의 꼬리 이어간다

냉이꽃

애잔하게 시린 겨울을
된바람에 시달린 냉이

아지랑이 걸음에
의연하게 돋아나

하얗게 피운 꽃
어머니 걸음 걷네

매화 향기

꽃잎을 열어
뜰 아래 향기 가득하고
무정한 꽃샘추위에
의지를 꺾지 않네

봄바람 따라
향기 퍼져가는 길목

집집마다 문 열어
꽃 향을 읽네

긴 머리 소녀

와인 향기 모듬어
바닷바람에 날리기를
머리카락 늘어뜨려 기다리는데

파도 앞에 그쳐 버린 바람
언제 다시 불어올까
추위만 밀려드네

그대 빈 잔 들고 오라
단숨에 오라
와인 병마개 버렸다

추억은 가슴에 드는데
그깟 사진 어디에 품을까

파도야 너라도 밀려와라
머리카락에 젖은 향기
너와 함께 풀어내리

연모

고목화 추억 안에
꽃피는 많은 사연

저 꽃 안고 오신다던
굳은 약속 지워졌나

혼자 사랑한 그님
가슴에 연모비를 세웠다

김늘무

등단 시인, 수필가
경찰문학협회 회원
누에실문학회 회원
타래시동인회 회원
반올림수필문학회 회원
이메일 : kmg403@naver.com

두 사람 외 6편

김 늘 무

그 이유를 모르는
너는 울고 있고

나는 너를 가벼이
안고 있다

소리 없이 흐르는
눈물을 모아서
뿌려보지만
이름 모를 꽃은
시들어 가고
암흑의 터널은
길고 길기만 하다

고뇌의 동굴에서
꼬리 무는 생각에도
승화의 파편은
모아지지 않고
들려오는 목소리는
분노이더라

밀치고 당겨보고
소리 지르지만
흔들림이 없는 그들의
웃음소리는 거대한
장벽이더라

무너질 듯 쓰러질 듯
못 일어날 듯하지만

주고받는 목소리는
파랗게 익어가고
한 줄기 빛이 하얗게
덮어 희망은 열린다

그렇게
두 사람은 하나가 된다

우리가 사는 곳

바람처럼 왔다가
바람처럼 가버린
감정들은 덧없다

구름 위로 솟아오르는
기쁨도 한순간이고
슬픔도 지나가면 흐려져
텅 빈 마음뿐

채워도 채워지는 것이 없고
비워도 비워지는 것이 없는
신비는 알 수가 없다

여행이 끝나가도
심오한 질문을 해 봐도
그 누구도 답을 주지
못하는 것이 우리가 사는 곳이다

웃고 있소

앞만 보고 걸어왔던
모든 순간을 돌아보고

꽃은 피고 지고
계절은 오고 가고

일 년 이 년 십 년이
지나가며 젊음은 가고

붉은 석양을 바라보며
무상한 세월을 느끼고

변해가는 모든 것 따라
삶의 기록은 남겨지고

낙엽이 바람에 날려가듯
눈보라 속을 헤쳐가듯

떠나갈 나그네 인생을
생각하며 웃고 있소

아침 햇살 같은 것

말을 토해낸다

마음속에 담아둔
깊은 마음
어두운 마음
모두 털어놓는다

가만히 다독이며
들어 주는 사람은
다정하고 포근하여라

이리저리
날아다니는 말을
모아 모아
조용히 빗질을 한다

말하는 사람을 위한
듣는 사람의 수고로움은
온 세상을 반짝반짝
빛나게 하는 둥근 달의 열정

이보다 더 큰 가치가 있을까
아무리 생각해도
없음이 명백하니
더 말할 것이 없는
위대한 구원이더라

듣는다는 것
만인을 위하여
진솔히 듣는 것은

세상을 밝게 하는
아침 햇살 같은 것

틈

어떤 말을 했지

밤하늘 가득한 별처럼
쏟아진 말들

보일랑 말랑
보일랑 말랑

미세한 균열의 탄생
어둠의 자리에
실바람이 머문다

벌어진 사람들
담 속에서 헤맨다

어디로 어디로
가는 것일까

점점 더 벌어지고
석양은 어둠에 잠긴다

관계는 괴로워

여름밤

열려진 창문으로 들어오는
너는 나에게 스며든다

보이지 않는 존재를 품고
눈을 감으며 느끼는 시간

구름 위에 누워있는 듯한
이 편안함을 누가 알랴

그 시간은 길지 못하고
오들오들 서서히 밀려오고

네가 오지 못하게 스르르
마음을 굳게 닫아 버리니

떠나지 못하고 주저앉아
기다리는 모습 쓸쓸하다

갈색 인연

가을이 왔다
숨어있지 말고 나와라
아직도 못 만난 사람아
수줍어하지 말고 나와라
언젠가 만나야 할 사람아
낙엽 떨어지는 길을 걸어보자
가을 사람아

나 윤 선

인천광역시 강화군 출생
월간 ≪한맥문학≫ 시 부문 시인상 등단
한국방송통신대학교 국어국문학과 전공
한국방송작가협회 수료
한국서정문학인협회 회원
타래시동인회 회원
공저: 『동행의 노래』 등 다수
이메일: skg8986@naver.com

오월의 장미 외 5편

나 윤 선

장미꽃 피는 오월
흐드러지게 웃는 입술들
세상을 온통 뒤집어 놓았다

유난히 눈에 들어오는
다소곳한 미소
순백의 화려한 흰 장미

지금 죽을지라도
꼭 안아야 하는
하늘이여
허공이여

인생 연가

내가 사는 동안
무엇을 찾았는가

연기처럼 사라져 가는 푸른 꿈
세월 속에 지쳐가는 사랑

하늘에 구름처럼
두둥실 띄워볼까
내 삶의 노랑 풍선

아직도 생생히 들려오는
웃음소리
아직도 또렷이 보이는
그리움

무서운 파도

거세게 몰아치는 물결
숨이 차오르는 듯한 두려움
철썩철썩
다가오는 파도
그에게 밀리어 가는 나
차마 볼 수가 없어
눈 감아버리네

인생은 아름다운가

인생의 뒤안길
누군가를 그리워한다는 건
추억이 아름답기 때문이다
그리워하면서 살아가는 건
내 삶의 소중함을 잊을 수 없음이다
아직 그 미소가 떠오르는 건
사랑이 영원하기 때문이다
주름이 늘어도 아름다운 건
영혼에 맑음이 살아있음이다

백마

환상이란
우리 안에 가쳐
살아가는 동안
늘 무언가를 찾아
허우적거리면서도
한 곳을 향해 달려가는
한 마리 백마

꿈을 찾아서
먹이를 찾아서
행복을 찾아서
그도 아니
나를 끌고 가는 마부에 의해서

그 끝은 어디인가

커피 한 잔

기쁨 충만한 달달한 마음
힘들었던 쓰디쓴 시간
언제나 변함없는 향기

내 삶이 녹아있는
진한 커피를 마시며
시작하는 하루를 사랑한다

박 정 구

1995년 ≪문학과의식≫으로 등단. 2020년 ≪한뫼문학≫으로 수필 등단.
한국문인협회 회원.
고양문인협회 회장, 고양예총 회장, 원당신협 이사장, 고양문화재단 대표이사 등 역임
한하운문학상 본상, 경기문학상 본상 수상
시집 『떠도는 섬』, 『섬 같은 산이 되어』, 『아내의 섬』
　　『오늘은 제가 그리움을 빌려야겠습니다』
시선집 『갯마을 사람들』
수필집 『설악에서 한라까지』 (상, 하), 『백두가 한라에게』
산문집 『푸성귀 발전소』

이메일 : pjg6288@hanmail.net

흰 벽 · 2 외 6편

박 정 구

벽이 움직인다
어머니 시선이 고정되어 있는
저 흰 벽에 무엇이 있을까
아니면 어머니는 저 흰 벽에다
무슨 그림을 그리고 있을까
내가 알 수 없는 추상화 한 폭을 그려놓고
행여 누군가 기다리는 것은 아닐까
초점이 고정된 흰 벽에서
한 무리 새 떼가 날아가고
몇은 거미줄에 날개가 걸려있다
흰 벽에 귀를 대면
시냇물이 흐르고 하굣길 아이들 웃음소리가 들린다
흰 벽을 찬찬히 들여다보면
빨래를 하거나 머리를 감는 아낙네가 있다
빨래를 헹구는 저 흰 벽 속에서
어머니는 무슨 일을 하고 있을까
침묵은 길어도 침묵을 깨는 것은
혈관을 타고 흐르는 링거액 소리만이 아니다
눈을 감아도 다시 흔들어 깨우는 달빛

생소한 그림자가 병실 창문 밖을 서성일 때
어머니 시선이 고정되어 있는
횐 벽에서 바람 소리만 무성하다

흰밥

생일날 아침 아내는 하얀 고봉밥을 담는다
옛날 어머니가 담아주던 생일 고봉밥도 그랬다

가마솥 가득 까만 보리쌀 위에 한 주먹 쌀을 얹히고 아궁이에 장작을 밀어 넣으면 솥뚜껑 사이로 쌀뜨물 같은 눈물이 주르륵 흘렀다 보리밥 위에 놓인 쌀밥을 고스란히 퍼내 고봉밥으로 담았다 닭고기 미역국에 고봉밥으로 놓인 생일 밥상 옆에 동생들이 앉았다

아내는 밥솥 안 쌀밥을 주걱으로 뒤적뒤적 거린다 허리까지 구부정한 뒷모습이 영락없는 어머니다

제삿날 아내는 하얀 고봉밥을 담는다
한 그릇은 아버지 또 한 그릇은 어머니 위패 앞에 놓는다

가마솥 대신 압력밥솥에서 가마솥보다 더 큰 아버지의 불호령이 떨어지면 우리는 메를 올렸다 생일날 아침 받았던 쌀밥이 제상에 고봉밥으로 놓이고 닭고기 미역국 대신 소고기 탕국이 놓인 상 앞에 동생들이 옛날처럼 앉았다 줄 세우지 않아도 차례차례 순서대로 앉았다

일 년에 두 번 받는 흰밥을 주걱으로 뒤적거리면 뒤척이는 옛날이 하나둘 유년까지 소환된다

진접역에서

진접역 1번 출구
혼자 걸으면 3분 둘이 걸어도 5분
'꿀꿀이 뒷고기 세상'이 있다
쇠고기는 고사하고 삼겹살도 마다하고
허기진 사람들이 먹던 뒷고기
노동 끝에 소주 한 잔이면
부도 명예도 권력도 부럽지 않던 옛날
눈치도 없이 깊은 밤 싸락눈은
쌀알처럼 쏟아졌다

입심 좋기로 소문난 가시내
불알친구 만나도 거침이 없다
'머슴애들아 존나게 많이 묵어부러라 잉~'
도초 언가메에서 물질하는 어메가 보냈다는
이름도 생소한 군소 구이에
전복 가리비를 덤으로 넣는다

안골 양짝 하리 정지멀 노두목 댓골 소신 조진
고향 동네 지명들이 하나둘 호명될 때
'울 아부지가 철산 씨여, 한량이었제~'

또 한 번 파도처럼 밀려드는 고향소식에
예순 중반 나이와 상관없이
무담시 눈시울을 붉힌다

남양주 진접역에 가면
입심 좋은 가시내가 앞발에 힘을 주고
섬을 당차게 끌어당기고 있다

새해 수첩을 받으며

표지 겉면 하단에
보일락 말락 아주 작게 새겨진
내 이름을 본다
내가 내 이름을 부르지는 않지만
누군가 불러주어 매일 듣는 이름 석 자,
그럼에도 이름 새겨진 수첩을 받고
생소함에 한참을 들여다본다
누군가 내 이름을 기억해 주듯이
내가 기억해야 할
무수한 이름들을 떠올려본다
그리고
주머니 속 알사탕을 꺼내듯이
이름들 하나씩
손가락을 꼽았다 펴 본다
열 손가락 속에는 꼭 당신이 있다고
그래서 오래오래 기억하고 있다고 전한다
어딘가에 이름을 새긴다는 것은
누군가의 기억 속에 남는다는 것이기에
열 손가락 밖의 당신도
오늘 이 순간만큼은 내 안에 있다고

사이

어둠 속에서 고개를 들면
밤하늘의 촘촘한 별들,
이 별과 이별
한 뼘도 되지 못한 공간을
나는 곰곰이 생각한다

포구에 나가 눈을 들면
바다는 눈썹 끝에 머물고
눈썹 끝에 떠있는
이 배와 저 배
파도처럼 멀어진 틈에서
생각이 출렁거린다

하물며 사람과 사람 사이
서로 팔짱을 풀고
내려 보는 발밑과 눈을 들면 먼 곳
벌어지고 넓어진 간극,
그 사이를 들여다본다

닻

선두리 포구에 닻이 놓였다
덩그렇게 놓인 녹슨 닻

닻은 깊은 바다를 만나야
비로소 정착하는 것
그래서 바다는 제 몸속의 닻을 안다

포구에 올라온 저 닻은
아직도 방황하고 있다는 증거
어부는 닻줄을 끊고
침침한 어둠 속으로 떠났다
생명의 동아줄을 끊고 떠난 배는
둥둥 자유가 되었다

낚싯배가 침몰하던 날
포구의 조등은 밝았고 슬픔은 깊었다
아무도 울지 않는 포구에 침묵만 흐르고
한 생을 끌고 다녔던 닻이
선두리 포구 끝에 상여처럼 놓였다

능소화

목포 죽동 굴다리 위
신영희 국악원에서
원진 극장 가는 길목에
만장이 걸렸다

북채 끝에서
육자배기로 맺혔다가
진도아리랑으로 피었다가
아, 어느 날
남도민요 소리에 젖어
엎드려 피던 능소화

외삼촌 꽃상여 나가던 날
판소리 한 자락 깔리고
담장 너머 엿보던
첫사랑도 떠났다

봉 순 희

아호는 가향(佳香)
충북 보은 출생
2011년 계간 ≪창조문학≫ 시부문 등단
한국문인협회 회원, 은평문인협회 시낭송분과 위원장
창조문학 운영이사, 한여울문학 운영위원장
타래시 동인, 문학공원 동인
제26회 창조문학 대상 수상

시집   『봄이 오고 있잖아요』
       『생의 한 줌』
       『빛과 어둠의 경계선에서』

공저   『한여울의 맑은 꽃』
       『소 우주시회 사화집』
       『꽃은 울지 않는다』
       『뉘앙스』 등 다수

E-mail: hee7975@naver.com

가을은 겁쟁이 외 6편

봉 순 희

툭
떨어진
알밤 한 톨

화들짝 놀라
삼십육계
줄행랑치는

휘 익
지나가던 바람결에
마음도 노랗게 물들어 뒹굴고 있네

그래서
가을은 겁쟁인가 봐

내 삶의 문양

한 송이
고결한 백합이 되고 싶었던
하얀 꽃 대궁하나

고운 햇살 가슴에 품고
향기롭게 꽃잎 피우려할 때
세상에 부는 매몰찬 바람
이 몸을 흔들어댄다

너덜너덜 찢기어진 육신
갈피를 잃고 긴 어둠의 터널에서 방황할 때
늘 그 자리에서
나의 바람막이가 되어준
저 푸른 소나무 한그루

그래서
내 삶의 문양은
가을볕이 곱게 물든 저 산야의 들꽃처럼
그저 수수하단다

나는 엄마니까

바쁘다 바빠
몸도 바쁘고 마음도 바쁘다

배추며 열무 무우 오이 쪽파 대파
동네 마트에서 배달시킨
식재료들이 거실 바닥에 한가득 널 부러져있다

산더미처럼 할 일이 많아도
내 머릿속에 저장된 프로그램은
일사천리 착착 진행된다

손길 재빠르게 다듬고
소금물 풀어 대야에 절이고
하루를 가불한 듯 빛의 속도다

벌겋게 양념 묻은 손으로 창고로 간다
잠자고 있던 김치 통을 살살 타일러
주방으로 데리고 나왔다

사랑을 듬뿍 담아 담근 배추김치며
열무김치 무우 깍두기 오이소박이를
빈 통마다 가득가득 채워가며

이제나 올까
저제나 올까
시집간 딸을 한시반시 기다리고 있다

나는 엄마니까

마음으로 쓴 시

가슴을 열어보세요

그대 마음속에는
애틋한 추억과
그리움 몇 조각이 있을 거예요

아직도 변하지 않는
소녀 같은 마음이잖아요
고운 님의 강렬한 눈빛으로
한 시절 어여쁘게 꽃도 피우지 않았나요

그러나
내면 속엔 은밀하게
간직하고 싶은
비밀의 꽃 몇 송이도 있지 않나요

더러는 궂은날도 있었겠지만
지금 그대 얼굴에 미소가 잔잔합니다
그 향기도 괜찮습니다

가슴을 열어보세요
그리고 당신이 쓴
마음의 시를 읽어보세요

인연의 바다

누가 쳐 놓았을까
저 인연의 바다에 쳐 놓은 그물망은

등대섬조차 보이지 않는 망망한 대해에
낡은 조각배 한 척 띄어놓고
우리 보고 살아가라 했네

바람 불면 어찌 하나
파도 치면 어찌 하나
오매불망 거친 삶의 파고 속을 헤쳐가며 살아왔지

더러는 아옹다옹 다툼의 시간도 있었지만
사랑을 몽땅 가둔 가두리 안에
올망졸망한 분신들이 물장구치고
노래하고 참 평화로웠다네

오늘따라 세상 물결 잔잔하네
노을빛까지 고요하고

세월이 준 훈장일까
지금 우리 머리 위에
소금꽃이 하얗게 앉아있네

세월이 남긴 흔적

거울을 바라봅니다
졸린 눈을 반쯤 떠보니
이마 한가운데
실금하나가 반듯하게 누워있습니다

혹시 머리카락일까 하여
욕실 벽에 붙어있는
안개 서린 거울을 호호 달래가며
애써 떼어내려고 보려합니다
그래도 반듯하게 누워있습니다

아뿔사!
아무리 떼어내려고 발버둥을 쳤건만
그것은 내가 밟고 걸어 온 인생길
세월이 남긴 흔적
그 자국이었습니다

나의 소망

하늘 바다에 걸어 놓은
간절한 나의 소망 하나

우리 손녀
배서이 발걸음 행선지마다
그저 무탈하고
따뜻한 사랑의 햇살이 함께
영원히 동행하길

서 정 부

경남 고성군 삼산면 병산리 출생
시인. 수필가. 칼럼니스트
필명은 동백꽃, 아호는 병산
한국문인협회 시분과회원
한국영상문학협회 부회장, 사무처장
청송시인회 부회장
한국SGI 문학부 기획이사
한국영화학교 밀집모자 회원
타래시 회원,
재경고성문협회 초대 사무국장
E-mail : sjb2243@hanmail.net

상큼한 가을 코스모스 외 6편

동백 꽃 서 정 부

아침 이슬로 세수하고
또렷한 형형색색 피어난
코스모스의 싱그러움
어느 모델보다 날씬한 맵시
이 가을 그대 위해 단장했어요

올 가을 외로우시나요
나와 함께 바람에 몸 맡겨
격정적으로 춤추며
우우 신나게 함께 노래해봐요

우울해하지 말아요
옆에 가 사랑 고백할게요
오, 가까이 오세요
우주의 별 수만큼 기쁨 드릴게요.

인류의 숙명전환

환경 오염만큼 잔인한 것은 없다
자연 파괴만큼 악날한 행위는 없다

물과 공기를 정화하고
바다와 산을 살리는 것보다
아름답고 위대한 일은 없다

지구촌의 전쟁 없는 평화는
인류의 미래를 밝게 비추는
존귀하고 신바람 나는 일이다
청정한 자연환경을 보존하는 것은
전 인류의 동식물에게
행복을 안기는 최고의 선물이다

반격하는 지구

온 세상 덥고 뜨겁다
지구촌의 술렁임
수많은 종들이 연이어
생 마감하는 수난의 나날

무한히 몸부림치는 대우주
탄생과 사멸의 끊이지 않는 연속
용광로 화택에 둘러싸여
우왕좌왕하는 이 사회 고리들
악을 위해 선을 파괴하는
투쟁 거듭하는 인간의 광란이
순수한 질서를 고통 속에 찌들게 한다

대자연의 순기능 흐름 만들
해답 될 만능열쇠는 무엇일까
대우주와 공생하는 생명철학이
전 인류를 살리는 길이 되리라
참으로 고약한 과보이고 업보로다

가는 여름

온 세상 뜨겁게 달구던 여름
서서히 꼬리 내리고 물러서는 더위
아침저녁 선선함 잠시 꿀잠 들게 한다

한 달 내내 밤잠 설치게 한 그 심통
아직도 미련 남았는지
9월 들어서도 연일 30도 이상이다

올여름 기상 이변으로
먼저 가신 가엾은 영혼들 위해
조석으로 간절히 후생 선처 기원한다

우리네 삶의 여건이
더 좋아질 가능성 없는 지구환경
대책 없어 나그네 마음 무겁게 하는구나

나의 아버지

오늘은 왠지 아버님을 뵙고 싶다
가신지 38년 만에
처음 불효한 자식 문안 인사 올립니다

첫 아이 태어난 아침 9시경
병원에서 별세 소식 접하고 황급히
고향 고성군 삼산면 병산에 달려가
돌아가신 아버님 마지막 모습 뵙고
강북 삼성병원 부주의 처신에
억세게 부당함과 죄책감에
죄송한 마음 달랠 길 없어
폭포수 눈물을 쏟아 부었다

사는 것이 버겁고 힘겨울 때
무조건 산소 찾아가 오래도록
엎드려 속죄회향 올리곤 했다

동생 결혼 마치고 서울 온 김에
탈창 수술 대비 입원 부족한 혈액
수혈 중 뇌출혈로 의식불명

중환자실 계실 때 잠시 의식 돌아와
시골 고향 집에 가자는 마지막 말씀에
밤을 새워 고향으로 모시고 내려가
안방에 모셔 놓고 안정을 취한 후
첫 아이 출산 임박해 급히 상경했다

아버님은 의식은 찾았으나
말문을 닫고 눈으로 말하시며
친척 이웃 친구 다 만나 보시고
3일 후 평안한 표정으로 임종하셨단다

생전에 자주 더 살았으면 할 때
꽃 피는 봄에 떠나고 싶다는 말씀처럼
봄이 무르익는 4월 21일 아침에
황급히 한 많은 세상 등지고 떠나셨다

세상에 남겨 주신 업적이 참 많으시다
동네 집집마다 우물 파주기
방 구들장 설치용 돌깨기 박사
농사용 저수지와 봇도랑 만들기

홍수로 유실된 튼튼한 제방 쌓기
돌아가신 모든 분들 장례식 앞소리 하기
유난히 시조 민요 창을 흥겹고 신나게
즐겨 부르시던 모습 아직도 눈에 선하다

부디 좋은 곳으로 가시어
오래오래 행복하시길
날마다 기원하고 있는 나날입니다
올리고 싶은 말은 많사오나 이만 총총

추석 벌초

몇 년째
부모님 산소
손수 벌초 못한 마음 무겁다

정성껏 돌봐 주신
둘째 형님 조카에게
진심으로 감사드린다

이번 추석엔
만사 접어 두고 찾아뵙고
부모님 산소 벌초하러 가련다

말끔하게 단장된
산소 앞에 오래 엎드려
불효한 자식 죄송함 담아 절을 한다

희망 꽃 무지개

초봄부터 피던 꽃들
그윽한 영혼 향기가
무심한 나그네 가슴에
잔잔히 물결 일렁이게 한다

우주 삼라만상이
여지껏 부르짖은
간절한 소망은
인간 세상에 무지개 행복 꽃
피우려는 억겁 심로였으리라

신다회

아호는 채운(彩韻), ≪문학과 현실≫ 시 등단.
시인, 시낭송가, 동화구연가, Creative Arts Therapist강사,
Poetry Therapist강사.
국제PEN한국본부 회원, 한국문인협회 은평지부 부회장, 시와동화로꽃피는
세상 회장, 타래시동인회 회장.
색동어머니회 동화구연 입상, 재능교육 전국시낭송 대상, 자랑스러운 한국
인 시낭송발전 최우수대상, 자연환경예술문학 대상, 제16회 천등문학 한국
시낭송가 대상
한국시니어전국시낭송대회 주최
Nabom : American counseli of new NLP
Creative Arts Therapist Poetry Therapist 자격취득
시집 『사랑해, 내 그늘마저』
신다회 시낭송 CD 1, 2집.
You Tube:CBC TV 신다회의 시와 동화로 꽃 피는 세상.
E-mail : edustory@hanmail.net

오동나무꽃 외 6편

신 다 회

날 낳은 해
아버지가 심었다는 오동나무

올해도 어김없이
어머니 분향(芬香)을 뿜어내는
연보랏빛 미소

저녁노을 넘어가는
뻐꾸기 울음소리
그리움이 터졌구나

우는 건 뻐꾸기인데
눈물은 내가 흘리네

불두화(佛頭花)

휘어진 가지
버거운 무게로
주렁주렁 달린 함박꽃

뜨거운 햇살
혹독한 장맛비도
꺾을 수 없어

펑펑펑
하얀 눈물 피워
고운 사연 엮은 꽃잎 편지

달빛 아래 펼쳐보니
모두가 그리움이네

전철을 탄 잠자리

처서가 막 지난 이른 가을
온난화로 인해 아직 뜨거운 아침
잠자리는 바람을 타고 혼신의 질주로
전철에 몸을 실었다
환상의 보금자리를 꿈꾸며
특별한 여정이 시작됐다

전혀 다른 세상 앞에
당황하는 눈빛
전철 안을 탐색하는 날갯짓
가지 말아야 할 길
잘못 왔다면 돌아갈 수 있을지
좌충우돌 공중전
마지막 몸부림인가

호기심 어린 표정 접어두고
은빛 날개여
3호선 전철에서 내려라
찰나에 열리는 문을 향해
힘차게 날아가렴

그러한 너를
햇살은 어루만져주리니

행운의 여신
어느 역에서 배웅하고 있을지

호접몽(胡蝶夢)

호랑나비의 꿈은
예쁜 꽃에 앉아
배부르게 먹는 게 아니어요

예쁜 옷 입고
우아한 날갯짓으로
춤추고 싶은 게 아니어요

나의 꿈은
사막에서도 한 송이 꽃을 찾아
꽃밭을 만들어 가는 일입니다

여름 안부

무더운 열대야로
거북등처럼 딱딱한
마른 가슴
괜찮으신지요

긴 장마
집중호우
그대 가슴
습한 곰팡이 피진 않았나요

꽃비들의 여정

세상 떠들썩하게
자지러지는 하얀 폭소
그대는 누구신가

직박구리 까치
자진모리 중모리 뒤로한 채
바람 외줄 타는 꽃잎들
속절없이 어디로 가나

화무십일홍(花無十日紅)*
푸르디푸르게 멍들어야
온몸을 빨갛게 불태워야
만날 수 있다는 화신(花信)

한 잎 한 잎
그리움 찾아 떠나는 꽃비
누구의 눈물인가
바람은 알까

짧은 사랑 긴 이별
슬픈 언약의 끝은 어디메인가
달빛 아래 쉬었다 가는
저 울음소리

* 화무십일홍(花無十日紅) : 열흘 붉은 꽃이 없다는 뜻으로, 힘이나 세력 따위가 한번 성하면 얼마 못 가서 반드시 쇠하여짐을 비유적으로 이르는 말

비밀

음해의 말 추적추적 내리는
시기 질투 자욱한 날
비열함과 야비함이
우박처럼 쏟아지는 험난한 세상
깊이 숨겨둔 우산을 펼칩니다
이젠 덤비지 마세요
긴 쉼이 필요합니다

그리고
쉿, 비밀인데요
치유의 실과 바늘이
당신의 인격을 수선합니다
맑고 푸른 새날이 올 것을 기리며

신 태 진

아호(雅號)는 인산(仁山)
경기도 안성 출생
2013년 ≪시조생활≫ 신인문학상 수상
세계전통시인협회 한국지부 회원
은평문인협회 회원
타래시동인회 회원
(전) 국가공무원 근무
(현) ㈜지화기술단 전무이사
    한국정보통신감리협회 전문위원

자목련 외 5편

仁山 신 태 진

겨우내 한추위
온몸에 감싼 채

응얼 진 검붉음
수줍게 움트네

아기 싹
지고지순(至高至純)한
네 모습이 애섧다

대봉시(大峯枾)

고향 뒤뜰 대봉 따서
항아리 속 담아 놓고

엄마가 그리우면
장독대 달려가서

농익은
사랑 베어 물며
보고픈 맘 달랜다

소리 연(緣)

풀벌레 지저귐과 구름이 어우르는
하늘의 울음소리 생명 합창 쏟아내어

소리 연(緣)*
휘몰아치며
접화군생(接化群生)** 이뤘네

* 소리 연(緣) : 우리의 음악인 국악(國樂)으로 맺어진 사람과 사람과의 인연뿐만 아니라, 악기와 악기, 창(唱)간의 오묘한 소리의 관계를 표현함
** 접화군생(接化群生) : 세상의 모든 것이 서로 접(接)하면 무릇 생명이 번창하게 된다는 뜻. 신라시대 석학 최치운 선생의 사상에서 유래됨.

백련사(白蓮寺)

함박눈 내린 새벽
호젓한 백련능선

애섧은 염불소리
쌓인 산설(山雪) 다독이며

골안개
자욱히 깔린 산사
적막강산(寂寞江山) 잠겨있네

녹번(碌磻)골

솔향기 맴도는 녹번골 장군바위
고개턱 숨차 오른 등산객 맞이하며
시원한
솔바람 불어
지친 심신 풀어준다

백련능선 끝자락 자리 잡은 산골마을
도시 속 시골 향기 오롯이 간직했네
오솔길
라일락 향기에
되돌아서 가고 있네

고향 찾으려

어두움 드리워진 베란다 창문가에
우울한 산죽나무 숨죽인 흐느낌이
닫혀진
공간 울리며
심신산골 향한다

노을 진 북풍 안고 떠나는 기러기떼
외줄기 군무향연 창공이 아름답네
보고픈
고향 찾으려
힘찬 날개 젓는다

이다정

서울대 농업생명 CMS ELP수료
≪다온문예≫ 신인작품상 수상 등단
다온문예문학상 대상 수상
한국문인협회 회원
타래시동인회 회원
민주평화통일자문회의 자문위원
대한체육·직장인스포츠댄스 이사
가요앨범 2집 발표
E-mail : sukhun6752@daum.net

가을, 그 억새의 추억 외 5편

이 다 정

깊이 잠든
슬픔을 깨우려 쏟아지는
바람조차 아픈 가을
외로운 눈가에 물기 돌듯이
손 흔들어 이별의 손짓을 보내려
은은한 억새풀 향기로
그리움 안고 오는 가을
한없이 서툴러도
가슴의 뜨거움 하나로
작은 산자락 꼭 끌어안지

보내야 한다면
어쩔 수 없이 보내야 하는
목멘 가을, 어느 날
가끔은
아름다운 시절을
추억으로 돌아보며
빛이 가득한 그 한 점
공중에서 잠들 수는 없어
하얀 손 흔들어 별들로 저며진다

가을 · 1

황금물결 일렁이는 들길 옆
코스모스 여기저기 지천으로 피었고
그때 기차가 지나갔다
그리고
그제야 지루한 오후가 찾아왔다
첫사랑 뽀얀 젖가슴 같은 시절
떨리는 손으로 새색시 고운 옷고름 풀던 날
아름다운 대지는 푸른색 도화지이고
흩어지는 하얀 그림을
마냥 하늘에 그려내고 있다

편지

꽃잎은 햇살에 마르고
단풍잎은 바람에 흔들려
쓸쓸한 마음이 넘치는 가을
비로소 사랑하고 싶은 사람이여
목마름 안고 오는 그리움 밀려들어
붉은 이파리 깔고 잠들고 싶은 밤
아직도 보내지 못한 편지
가을비에 사연이 쓸쓸하게 젖고 있을까

내 마음의 그림자

문을 나서면
눈가에 어리는 그림자
정원에 구름이 됩니다
그 구름을 따라가면
하늘 아래에서 반짝거리는 별이
내 마음 안아 하늘에 펼쳐 놓습니다
비치지도 않을 사랑의 빛 찾아
사랑의 풀씨들 무수히 깔린
외길로 통한 끝없는 사랑
마음의 그림자는 숲길 돌아
초록빛 강물 이루어
가슴 위로 흐릅니다
떠도는 것만이
제 몫 안고 흐를 때
배꼽 내놓은 그림자 하나
돌벽 아래 홀로 안개로 남습니다

우아한 노년

무료하게 지나는 시간이
아까운데 함부로 쓰지 말고
할 일이 너무도 많은데
괜한 일에 참견치 말자
모든 일에 불평하지 않으며
남을 의심하지 말고
사는 것에 절망하거나
남과 덧없는 경쟁은 피하자
세상을 사랑하고 하는 일에
여유를 가질 것이며
작은 잘못은 용서하고
베푸는 아량으로 살아가자
이런 마음으로 사는 것이
늘 소중한 것이다
오늘을 살아도 내일이 없다면
그것이 인생의 끝이요
내일이 와서 오늘 같이 산다면
그것은 또 다른 시작이다
오래된 나무에서 좋은 열매가 열리고
가장 아름다운 빛은 저녁놀이다

흐르는 세월을 야속하다 원망 말고
이렇게 천천히 우아한 노년을 맞이하자

나는 바람이고 싶다

나는
바람이고 싶다

기약도 없는
그리움으로 지칠 때
산을 돌아 숲을 스쳐
아무런 소리도 없이
가만히 스며드는 바람이고 싶다

어느 봄날
두고 온 모든 것들이 살아나는
콩닥 이는 심장 소리로
잠 못 이루던 기억을 더듬어
소리도 없이 임의 품으로
가만가만 스며드는 바람이고 싶다

이 성 순

아호는 소담(小談)
2015년 ≪창조문학≫ 시 등단
한국문인협회 회원,
국제PEN한국본부 회원
은평문인협회 이사

시집 『바람의 땅』 『흰』
이메일:seiko615@naver.com

장닭 외 7편

이 성 순

사나이는 일이 생명이라

암탉을 사랑하여
날마다 황금알 낳게 하고
오덕을 쌓으며
주인마님이 흩뿌려주는
삶을 쪼아댄다

검은 밤 어둠을 뚫고 나가
새벽을 알리는
수탉의 홰치는 소리

등나무

봄 향기 튕기며
겨우내 참았던 여인의 넋두리
보랏빛 폭포 쏟아진다

갈매기

짠물에 젖던 날개
살아온 세월 쪼는 일 내려놓고
지는 해 바라본다

바다가 되어

시집살이 빗물 되어

아쉬운 육십팔에
남은 시간들을 서랍 속에
아낌없이 구겨 넣고

아무리 붙잡아도
그렇게도 사랑했던 정을 떼고
애원하던 두 손길
힘없이 놓아버린 세월
작은 강을 건너가 버린 바다

거울

더하거나 빠트리지 않는

사실만을 빈틈없이
보여주는 참된 삶의 진실

너에게 배우는 자화상

빈티지

지나간 시간 속에 들어있는
헌 옷 재활용하는 아나바다 시대

옷이 작으면 답답했던
요즘 마음 같아 앞을 열어준다
품이 크거나 길면 단점을
잘라내듯 싹둑 잘라내어 수선하기
빛바랜 건 현대인치료와
위안이 되는 레트로 감성으로
헤진 곳은 특이한 단추와 마스코트로
포인트 주기 예쁜 들꽃 수를 놓아 준다든가

유행 지난 건 스카프로 럭셔리하게
걸치고 멋지게 소우주 달래는 빈티지 패션

우리 옷 그녀

전생에 어느 지체 높은 가문의
정경부인이었을까

아주 먼 시간 속에서
사뿐히 걸어 나온 듯 우아한 몸짓
익숙하면서도 먼 그녀

날아갈 듯
바람의 날개 같은 한복의 멋
스치는 치맛자락마다 향긋한 바람이 이네

누대를 이어 온 잃어버린
시간의 옷을 찾아 주위를 환하게 밝히며 길을 내는
소중하고 귀한 단아한 모습

전 그저 존경의 마음으로
바람만바람만 조용히
걸어가고 싶을 뿐이지요

곶감

고운 빛깔
온몸 깎아내릴 때

파르라니
비구니의 젖은 눈

장삼 자락 흩날릴 때
붉게 탑돌이 하는 수도승

첫눈에 반한 만남
사슴 눈을 가졌던 그 아이

어찌 그리 야위었나

정 사 진

1966년 대구 출생
시인, 수필가
문학심리상담사
≪인향문단≫ 시 부문 등단
전) 문학고을 경기북부지부장, 홍보위원장, 자문위원
이메일: jeongsajin@gmail.com

밭을 갈아 봄빛을 묻다 외 6편

정 사 진

춘삼월 좋은 시절
농부는 부지런히 텃밭을 갈아엎고
두둑과 고랑을 만드시오니
이랑 사이 바람에 떨어진 벚꽃, 매화꽃
봄비에 젖는 호우 시절 춘색은 향기에 묻어나는
아지랑이 같은 따스함이오
진달래, 철쭉 붉은 단심은 님 향한
그리움의 단초이겠지요
마음을 전하는 말 정말 힘들지만
그대여 표현할 방법 없어
봄비와 봄바람에 전하였다오
그대 미소속의 살짝 비치는
법랑질 하이얀 치아는
상아보다 고귀하고
사기그릇보다 청아하리니
그대는 어쩔 수 없는 봄의 전령,
나의 토템이오니 겨울의 끝을 알리며 등장하는
행진곡 같은 빠른 템포의 리듬은 곡식을 타작하듯

경쾌한 충격이었소
나의 암연에서 어렵게 피어나는
꽃이요, 봄이요, 빨라지는 심장에 허겁지겁 맞춰지는
박출량에 피는 뜨거워지고 콧김도 불타올라라
나의 밭도 뜨거워지고 봄빛도 불타오르니
모호하고 수상한 봄날 내면 속 춘색은 묻고 또 묻어도
다시 피어나리니
청명 지나 부드러워진 땅
봄빛을 묻어도
봄은 다시 부활하리라

깊은 잠

적막한 이 밤
나는 홀로 꿈을 꾸노니
100년을 못 깨어나도
외롭지 않을 것이고
죽음보다 깊은 잠은
침잠되고 가라앉아서
혼돈의 자아와 멀어지리니
윤회의 끝을 찾고
심연 속에서 나를 만나
소통하고 본질을 확인하는
인고의 시간일 거요
나는 습관적인 생각을 배제하는
수도승일 뿐이고
원리는 괴로움을 실제,
사고는 계율을 지키는 명상일 것이오
결국 나의 깊은 잠은 마음의 평화를
찾는 숙명일 거요
몰입과 무념이 같지 않듯이
쉴 틈 없는 어제가 통찰되는 오늘
통제는 생각을 쉬는 의지이니

관여 없는 지혜일 뿐 깊은 잠은
답이 아니라 깨달음으로
달려가는 부평초인가 하오이다

환생(還生)

호흡 한 조각 뱉고
나는 열반에 들겠소
가까이 있는 죽음을 청하여
다시 부활하리니
환생이란 옷을 갈아입듯
자연스런 탈퇴 환곡 아닐까요
옛 몸은 미이라가 되고
마음은 새 육체를 찾는 중
검색되는 것들 중 마음에 안 들어도
신의 뜻이라면 받아들이리니
선택이 아니라 필연적
성찰이옵고 비틀거리는 자아는
흔들리며 피어나는 모란꽃이오

하늘이 준 본성도
완벽해진다면 어떤 의미의
신중함일까요
각자의 정의는 고립되어가고
결말을 아는 드라마처럼
피할 수 없는 고통과 허무의

연속성일 것이오
오늘도 나는 서사적 미학적으로
쟁취되는 해방감으로 환생을
꿈꾸고 있소

비천상(飛天像)을 보았소이다

하늘 떠다니는 선인의
모습 우아하옵고
비파 타며 날개옷 휘날리는 자태
천상의 선녀이런가요
날개옷 선풍(旋風)에 나풀거리고
청랑한 음악 소리 허공에
퍼지는 미향(美香)입니다
꽃방석에 무릎 꿇고 두 손 모아
연꽃향로 받쳐 든 비천상이시여
그 형상과 향기와 음률로
나투심에 찬탄(讚嘆)드리옵니다
종루(鐘樓)의 용이 천하를 호령하옵고
좌대의 연꽃이 세상 만발하시니
천의(天衣)는 몸을 감고
살아있는 구름과 어우러지니
청향(淸香)은 중천 속에 미묘하게 퍼져
선민(善民)의 마음을 위로합니다

무극한 진리는 형상을 초월하여
근원을 볼 수 없는 업보이려니
이제 선녀와 함께 피안(彼岸)을
찾아 나서려 합니다
나는 오늘 눈앞에서
옥빛 비천상을 보았소이다

겨울비

이 저녁
누군가 어둠 속에 서 있습니다
나를 닮은 푸른 그림자
길거리 네온사인 비친
형광색 젖은 길은 한 폭 수채화입니다
지친 나그네 발길 무겁고
우수는 중력보다 무겁게 어깨를
누르는 전생의 업보일까요
추억은 낙엽 따라
가로수 옆 마대자루 속 묻혀지고
회상은 길거리 광고 풍선처럼
쓰러져 울고 있습니다

차가운 빗속에서
그대 찾으리니
뛰지 못하는 불협화음의 두 다리로
빠른 걸음 접근하겠습니다
무거운 비 그치면
깃털 같은 마음 그대 영접하리니
이 겨울 함축되고

수용되는 것들 중에서
흰 눈보다 빛나는 그대입니다

눈꽃과 봄꽃 사이

윤달 이월 마지막 날
선자령에는 허리만큼
눈이 오고 나는
창밖을 보며 외로움에
술을 마시고 있소
나의 회상은 독백이 되고
후회가 아닌 안타까움일 뿐
얼어버린 시간은 녹아내리고
꽃이 피는 데는 이유가 없으니
눈꽃과 매화가 피는 시기는
마치 차갑고도 온화한
그대의 미소 같구려
아름다움 속에 감추어진 냉정함이
내밀한 슬픔을 가려주는
방벽이 아닌가 하오
그 얼음벽은 서서히 향기로운
봄바람에 무너지리니
눈꽃과 봄꽃 사이 그대여
눈보라 속에서 그리워하며
따스한 봄 향기로 기다리겠소이다

망종(芒種)

태양의 황경(黃經)이
75도에 달할 때
보리, 벼 등 수염 있는
까끄라기 곡식이 마지막으로
심어진다

태양은 빛나고
바람은 시원한데
마지막 종자의 파종 시기에
나는 오늘도 그대를 향한
그리움을 파종한다

오던 비도 그치고
공기는 청량한데
나의 그리움은 언제나 수확하여
결실을 맺을까

망종 때의 그리움은
농사꾼의 순리처럼 자연스럽다

최 국 희

최국희(崔菊熙)
아호; 아인(雅仁)
경기 용인 출생
2012년 ≪창조문학≫ 시 등단 2012
비단산 문화축제 백일장 심사
불광천페스티벌 시낭송회
한국문인협회 서울 은평지부 백일장 수상
창조문학 운영 이사
한 여울문학회원
타래시동인회 회원
동인지 『한 여울의 맑은 꽃』, 『꽃은 울지 않는다』
이 메일: cookie910@hanmail.net
연락처 : 010 9077 8681

우리 만나요 외 6편
- 시와의 만남

최 국 희

아시나요
달빛 쌓이는 그 뜨락으로
찬 서리 맞으며 내 달려올 당신을
그리워하며 기다리고 있음을

아 어쩌지요
볕 바른 날 그대 곁을 맴돌다가
서릿발 같은 그대에게
한동안 생채기를 입은 이 마음을

그냥
있는 그대로
스치듯 지나치는
일상에서 우리 만나기로 해요

아기의 숨결 소리

동서(東西)로 열린 창엔
바람은 찾아오고

잠든 아기 숨결 소리
온 집안 가득하다

이보다
더 큰 행복이
하늘 아래 또 있으랴!

노란 꽃 무리 질 때

꽃들이 가뭇없이 지고
이 봄은 속절없이 사라져 갑니다

슬픔과 분노로 뒤덮인
절망의 바다에서
저 통곡(痛哭)의 소리 멈출 수가 있을까요

장차 이 나라의 든든한 기둥이 될
그 예쁜 꽃봉오리들을
눈앞에서 놓쳐버리고 마는 어이없는 우리입니다

하늘이여
땅이여
나의 님이시여!

우리 모두를
어둠에서 밝히시고
못다 핀 꽃봉오리 활짝 피어나게 하소서

비가 내립니다
꽃잎이 집니다
그리고 다시 피어납니다

내 품에 둥근달이

깊은 밤 팔을 베고
하늘을 쳐다본다

높이 뜬 둥근달이
내 품에 달려든다

이 마음
그대 생각에
잠 못 들고 뒤척인다

동창회

유람선 물길 따라
초동들 한자리에

반백 년 세월일랑
머리에 올려놓고

마음은
물장구치며
가재 잡고 놀았네

눈 내리는 사월의 거리

가슴의 창을
활짝 연다
거리를 하염없이 걷는다

먼 곳으로부터
사뿐사뿐
내리던 봄비가

영롱한 눈꽃으로 내리다가
수정처럼 알알이 빛나다가
흩날리는 바람에 사라지다가

나는 걷는다
눈 내리는
사월의 거리를

한겨울 샘물을 길어
정수리에 쏴 아 들이붓듯
고이고이 가슴으로 내려 퍼담는다

영롱한 보석이 되어
순간의 보석이 되어

어제오늘 그리고 내일

길을 걸었다
오늘도 걷고 걷는다

가던 길 멈추고 뒤돌아보니
어제의 나는
이미 길 위에 잠든 채 누워있다

하늘을 우러러보니
내가 나를 보고 있다
그리고 나에게 묻고 있다

아인(雅人) 최국희!
당신은 어디를 가고 있나요!

최 림

본명은 최명회
충남 예산 출생.
2013년 ≪자유문학≫ 등단
한국문인협회 회원
한국자유문인협회 회원
서대문문인협회 사무차장
은평문인협회 이사
한국시낭송회 회원
2020년 서대문문협상 수상
2018년 시집 『물흐르듯 흘러가면서』 출간

문바람 외 6편

최 림

긴 겨울밤 문풍지 틈새
황소바람 타는
바늘 울음소리
베갯머리 위엔 물대접
꽁꽁 묶인 몸뚱이 흔들린다.
헛간엔 가을이 놓고 간 왕겨들
아궁이 속으로 솔솔 들어가고
풍로 돌아가는 소리에 큰 별 눈뜬다

양은 도시락엔
불어난 둥근 보리 알갱이들
보자기 속에 둘둘 말아
조그만 어깨 위에 걸쳐 맨 것
허리춤까지 흘러 내려올 듯
소학교 길 달음질한다
빵도 귀했던 날들
단팥빵 구경도 못 하던
중학교 때나 먹었던가

어머니 마음 알 듯 모를 듯한 날
먼 길 떠나시고
눈시울 적시우던 자식 향한 바람
가족 간 마주 보는 눈길
그 가르침들 숨바꼭질하고
그리움의 날들 다가오면
모시 적삼 펄럭이는 가슴팍으로
뛰어 들어가는 한 소년

날개 펴면

해송 가지 찢는 소리
성난 듯 바닷바람 날카롭다
순간 달려와 빼꼼 내민 얼굴
커다란 유리문 열린다

삶 꾸러미 풀어 담는
차향 나르는
하늘 바다 구름 파도 손잡는
갈매기 날갯짓 숨기고
하늘 속 끼룩끼룩 울음소리다

핏빛 모래 알갱이들
쏟아붓고 하얀 날개 펴면 어떠할까
물파도 부서지는 옷자락 속 숨어보면

꿰어보니

달빛 강 흘러들고
나뭇가지 생명물 오른다
눈뜬 감꽃 피고 지는 날들
새 가지 끝 초록 열매들
청명 하늘가 고운 감빛 물들고
얼굴에 동글동글 흐르는 땀방울
시시각각 낚싯줄 꿰어보니
황금 상자 주렁주렁 안겨 오는 날에
벅찬 웃음소리 앞산 뒷산
붉게 물든 산을 돌아 나온다

70해 날

낮과 밤 70해 날
저 높은 고갯마루길
작은 제비집 둥지 속 새끼들
다 날아 가버리고
색바랜 둥지 지키는 이들 뿐

먼 비행 끝점에서나
만날 수 있는 새끼제비들
담벼락 타고 흐르는
시계 초침 부지런히 달음질한다
조금만 쉬었다 가지 하나
돌아보지 않는
그렇게 앞만 보고 달리기만 하는

왔다고

바람이 불던 날 비가 오고
떠나야 할 시각 다가왔다네
눈빛 마주칠 때
분홍눈물 노란 눈물
감각을 잃은 듯
고요 속으로 떠났던
평온의 얼굴빛 흩뿌려진
강과 산으로 꽃가마 타고 흘러 떠나
물이랑을 넘고
돌무더기 휘돌아 간
가슴팍 깊이 마음 묻었던
오겠다고만 기다려 달라고만
지난 봄씨 언어들 퍼즐로 맞춤할 때
다시 왔네! 새봄

어느 시절엔가

저기 큰 길가 버스가 쉬어가는 곳
마을 앞 잠시 정차한다
단발머리 소녀들
웃음소리 쏟아 놓고
수다를 내려놓는다

사방 불어오는
봄바람을 잡고 달리는
하얀 카라 세운 여아들
귀갓길 잡아끄는 보랏빛 제비꽃
발걸음 멈추고
눈빛 노란 민들레 마주하는
논둑길 풀숲 위로 둘러앉아 있다
달리는 차 안
영화필름 돌아가고
훗날에 영상 찍고 있는
베이지색 바바리코트 입은 남아

은빛 바늘 걸음

은빛 바늘 걸음 숨바꼭질 날들
광목천 한곳 모아본다
한 땀 지나 또 한 땀
야생초와 꽃들 색색 나비 날아간다

초록 들판 풀벌레 울음 수
가냘픈 날갯짓 소리
별빛 노래 수
달빛 빛난 수
고운 실타래 한 올씩 풀어가는
길어진 낮과 밤 사잇길…

한 승 희

국어국문학 전공.
어린이도서연구회 회원. 글쓰기 논술지도.
살레지오수녀원 주부학교 국어교사
KBS, CBS라디오 모니터로 활동
2016년 ≪에세이문학≫으로 등단.
2021년 문학의 집 서울 우리 동네 이야기 공모 수상
2022년 제16회 동서 문학상 시 부문 수상
2023년 한국예술인복지재단 예술인창작준비지원금 선정작가
2023년 한국문화예술위원회 아르코창작기금 발표지원 선정작가
저서(수필집)『마음을 거닐다』,『서울 다이어리』
동인지 『꽃은 울지 않는다』 외 다수

봄날 외 6편

한 승 희

봄날
들녘이 소란스럽다
겨우내 길 막혀 보내지 못한 사연
먼저 전해 주겠다며 아우성친다
곱게 접은 편지 하나둘 꺼낸다
노란 처녀 가슴 봄바람에 부풀리고
보랏빛 아낙네 허리춤 신바람 나고
들녘 가득 햇살 아래
농부들 노랫소리 울려 퍼지고
몰랑해진 흙 구들장 열어젖히는
봄날의 파릇한 사연들
내가 먼저 네가 먼저
풋풋한 봄소식 전하려 와자지껄
봄날
들녘은 소란스럽다

함성

고추밭에선 매운 내가 나고
마늘밭에선 알싸한 내가 나고
향나무에선 향내가 난다

과일들은 달콤새콤한 냄새로 유혹하고
생선은 비린내가 제격이다

꽃들은 시들기 시작할 때
향기가 진해진다

자유로의 갈망이
갇힌 시간 속에서 내지르는 함성

사랑 초

말랑한 흙이 마음을 열면
언 땅속 숨어있던 가느다란 심장
물 길어 올려
마알간 얼굴 내밀고
시샘하는 바람에도 아랑곳하지 않는다

따사로운 햇살에
나풀거리는 시폰 블라우스
흩날리는 머리카락에
내려앉는 포근한 눈길
가벼운 걸음걸이 경쾌한 투스텝

살포시 고개 내미는 여린 잎새들
그 곁에 보일 듯 말 듯 피는 꽃잎들
손끝에 보드라운 생명의 숨소리 만져지고

겨우내 빈 화분 흙 속에
죽었는지 살았는지 몰라 노심초사
흙 풀어지고 햇살 깊어지자
세상 구경 나온다

하루가 다르게 쑥쑥
햇빛 따라 하늘하늘

숨어있던 생명이 기지개 켜는 날
봄날 잔치를 시작한다

6월 산문

나는 6월이었다
연두를 지나 초록으로 피어나고 있었다.
어리고 치기 어린 꽃들을 떨궈 내고
내 안에 고유한 열매를 맺기 시작했다

은하수와 함께 나타나는 백조자리
수많은 성좌와 어울려 날개를 펼치고
쉼 없이 물 길어 올리고 햇살 받아먹고
지나가는 바람 불러 앉혀 멀리 저 멀리
나를 띄워 보낸다

쏟아지는 폭우에도 당당하고
말라 갈라진 땅에서도 숨 쉬고
가차 없는 바람에도 흔들리지 않고
내리쬐는 태양을 피하지 않으며
스스로를 담금질하는 6월

데미안을 사랑하고
멤피스토텔레스를 증오하고
베르테르를 그리워하고 릴케를 동경했다

니체 때문에 머리가 아프고
버나드 쇼를 따라야 하나 갈등하는
나날을 보냈다

내가 가장 예뻤을 때
그때가 바로 6월이었다

여름 바다

햇빛 가득한 바다
찌든 때 잔뜩이고 온 사람들 벌떡 일어나 반기는 바다
푸르고 넓은 품에서 쉬라고 서서히 물러나는 파도

노을 지는 바다
시끌벅적 물놀이하던 이들 돌아간 텅 빈 바다
아직 못다 한 얘기 남았다고 자꾸만 밀려오는 파도

헤아릴 수 없는 사연 모래알로 쌓이고
기슭에 닿아보려 몸부림쳐보기를 수만 번
기쁨이 퇴적된 시간만큼 육지를 안으려 밀려오는 파도

홀로 나는 갈매기 울음만 남은 바다
기다린 시간 보다 서둘러 떠나가는 파도

싸리꽃

산책길
눈 닿는 어디에나
새끼손톱만큼 작은 꽃잎 매단
타원형 홍자색 꽃

소쿠리로 엮어 음식 보관하고
회초리 만들어 아이들 가르치고
놀이용 윷가락, 한약재에 나물에,
온갖 더러움 쓸어내는 빗자루까지
온몸 닳아가며
척박한 땅 기름지게 하는
품 넓은 어머니의 치마폭

홍자색 싸리꽃 피는 주변
사무치게 그리운 엄마 생각
나풀거리는 작은 나비들

가을 나들이

파란 하늘 한 조각
노란 은행잎 한 움큼
빨간 단풍잎 한 주먹

바람, 햇살, 가을 한 꼬집
커다란 볼에 넣어 버무립니다

온산에 물드는 잔칫상
맛보러 가실까요

이제야 들리는 저 산의 깊은 울림
저와 함께 차 한잔 마시러 가실까요

타래시동인회 스물여덟 번째 시집

눈꽃과 봄꽃 사이

초판발행일 2024년 10월 25일

펴낸이 : 신다회
글쓴이 : 타래시동인회
카　페 : https://cafe.daum.net/taraelove
E-mail : edustory@hanmail.net
전　화 : 010-2320-9908

펴낸곳 : 도서출판 문학공원
주　소 : 서울 은평구 통일로 633 녹번오피스텔 501호
전　화 : 02-2234-1666　　팩　스 : 02-2236-1666
홈페이지 : https://blog.naver.com/ksj5562
E-mail : 4615562@hanmail.net

※ 책값은 뒤표지에 있습니다.
※ 저자와의 협의에 의해, 인지는 생략합니다.